JANUARY

1

JANUARY

2

JANUARY

3

JANUARY

4

JANUARY

5

JANUARY

6

JANUARY

7

JANUARY

8

JANUARY

9

JANUARY

10

JANUARY

15

JANUARY

16

JANUARY

17

JANUARY

18

JANUARY

19

I've been talking to andy again everyday. Today I was reminded why I stopped.

He will never change.

I deserve so much more

JANUARY

20

JANUARY

21

JANUARY

22

JANUARY

23

JANUARY

24

JANUARY

25

JANUARY

26

JANUARY

27

JANUARY

28

JANUARY
29

JANUARY

30

FEBRUARY

8

FEBRUARY
9

FEBRUARY

10

FEBRUARY

11

FEBRUARY

12

FEBRUARY

13

FEBRUARY
14

FEBRUARY

15

FEBRUARY

16

FEBRUARY

17

FEBRUARY

18

FEBRUARY

19

FEBRUARY

20

FEBRUARY

21

FEBRUARY

22

FEBRUARY

23

FEBRUARY

24

FEBRUARY

25

FEBRUARY

26

FEBRUARY
27

FEBRUARY

28

FEBRUARY
29

MARCH

1

MARCH

2

MARCH

3

MARCH

4

MARCH

5

MARCH

6

MARCH

7

MARCH

8

MARCH
9

MARCH

10

MARCH

11

MARCH

12

M A R C H

13

MARCH

14

MARCH

15

MARCH

16

MARCH

17

MARCH

18

MARCH

19

MARCH

20

MARCH
21

MARCH

22

MARCH

23

MARCH

24

MARCH

25

MARCH
26

MARCH

27

MARCH

28

MARCH

29

MARCH

30

MARCH

31

APRIL

1

APRIL

2

APRIL

3

APRIL

4

APRIL

5

APRIL

6

APRIL

7

APRIL

8

APRIL

9

APRIL

10

A P R I L

11

A P R I L

12

APRIL

13

APRIL

14

APRIL

15

APRIL

16

APRIL

17

APRIL

18

APRIL

19

APRIL
20

A P R I L

21

APRIL

22

APRIL

23

APRIL
24

APRIL

25

APRIL

26

APRIL
27

APRIL
28

APRIL

29

APRIL

30

MAY

1

MAY

2

MAY

3

MAY

4

MAY

5

MAY

6

MAY

7

MAY

8

MAY

9

M A Y

10

M A Y

11

MAY

12

MAY

13

MAY

14

MAY

15

MAY

16

MAY

17

MAY

18

MAY

19

MAY

20

MAY

21

MAY

22

M A Y

23

MAY

24

M A Y

25

MAY

26

M A Y

27

MAY

28

MAY

29

M A Y
30

MAY

31

JUNE

1

JUNE

2

JUNE

3

JUNE

4

JUNE

5

JUNE

6

JUNE

7

JUNE

8

JUNE

9

JUNE
10

JUNE
11

JUNE

12

JUNE
13

JUNE

14

JUNE
15

JUNE
16

JUNE
17

JUNE

18

JUNE
19

JUNE

20

JUNE

21

JUNE
22

JUNE

23

JUNE

24

JUNE

25

JUNE
26

JUNE
27

JUNE
28

JUNE

29

JUNE

30

JULY

1

JULY

2

JULY

3

J U L Y

4

JULY

5

JULY

6

JULY

7

JULY

8

JULY

9

JULY

10

JULY
11

JULY

12

JULY

13

JULY

14

JULY

15

JULY

16

JULY

17

JULY

18

JULY

19

JULY

20

JULY

21

JULY

22

JULY

23

JULY

24

JULY

25

JULY

26

JULY

27

JULY

28

JULY

29

JULY
30

JULY

31

AUGUST

1

AUGUST

2

AUGUST

3

AUGUST

4

AUGUST

5

AUGUST

6

AUGUST

7

AUGUST

8

AUGUST

9

AUGUST
10

AUGUST

11

AUGUST

12

AUGUST

13

AUGUST

14

AUGUST

15

AUGUST

16

AUGUST

18

AUGUST

19

AUGUST

20

AUGUST

21

AUGUST

22

AUGUST

23

AUGUST

24

AUGUST
25

A U G U S T

26

AUGUST

27

AUGUST

28

AUGUST

29

AUGUST
30

AUGUST
31

SEPTEMBER

1

SEPTEMBER

2

SEPTEMBER

3

SEPTEMBER

4

SEPTEMBER

5

SEPTEMBER

6

SEPTEMBER

7

SEPTEMBER

8

SEPTEMBER

9

SEPTEMBER
10

SEPTEMBER

11

SEPTEMBER

12

SEPTEMBER

13

SEPTEMBER

14

SEPTEMBER

15

SEPTEMBER

16

SEPTEMBER

17

SEPTEMBER
18

SEPTEMBER

19

SEPTEMBER

20

SEPTEMBER

21

SEPTEMBER

22

SEPTEMBER

23

SEPTEMBER

24

SEPTEMBER

25

SEPTEMBER

26

SEPTEMBER

27

SEPTEMBER

28

SEPTEMBER

29

SEPTEMBER

30

OCTOBER

1

OCTOBER

2

OCTOBER

3

OCTOBER

4

OCTOBER

5

OCTOBER

6

OCTOBER

7

OCTOBER

8

OCTOBER
9

OCTOBER

10

OCTOBER
11

OCTOBER

12

OCTOBER

13

OCTOBER

14

OCTOBER

15

OCTOBER

18

OCTOBER

17

OCTOBER

18

OCTOBER
19

OCTOBER

20

OCTOBER
21

OCTOBER

22

OCTOBER
23

OCTOBER
24

OCTOBER
25

OCTOBER
26

OCTOBER
27

OCTOBER
28

OCTOBER
29

OCTOBER

30

OCTOBER
31

NOVEMBER

1

NOVEMBER

2

NOVEMBER
3

NOVEMBER

4

NOVEMBER

5

NOVEMBER

6

NOVEMBER

7

NOVEMBER

8

NOVEMBER

9

NOVEMBER

10

NOVEMBER

11

NOVEMBER

12

NOVEMBER

13

NOVEMBER

14

NOVEMBER

15

NOVEMBER

16

NOVEMBER
17

NOVEMBER

18

NOVEMBER

19

NOVEMBER

20

NOVEMBER

21

NOVEMBER

22

NOVEMBER

23

NOVEMBER

24

NOVEMBER

25

NOVEMBER

26

NOVEMBER

27

NOVEMBER

28

NOVEMBER
29

NOVEMBER

30

DECEMBER

1

DECEMBER

2

DECEMBER
3

DECEMBER

4

DECEMBER

5

DECEMBER

6

DECEMBER
7

DECEMBER

8

DECEMBER

9

DECEMBER
10

DECEMBER
11

DECEMBER

12

DECEMBER

13

DECEMBER

14

DECEMBER

15

DECEMBER

16

DECEMBER

17

DECEMBER

18

DECEMBER

19

DECEMBER

20

DECEMBER
21

DECEMBER

22

DECEMBER

23

DECEMBER

24

DECEMBER

25

DECEMBER

26

DECEMBER

27

DECEMBER

28

DECEMBER
29

DECEMBER

30

DECEMBER

31

Made in the USA
Middletown, DE
28 November 2020